ARZIGOGOLI
BRACHILOGICI
MAIEUTICI

ovvero

"LA SCIMMIA È IMPAZZITA

Piero Gurgo Salice

" Col trasformare l'immaginazione in visione
si riesce a visualizzare il futuro."

"Sogni lucidi in meditazione."

SE IL SOLE È NEL TUO PETTO

Oggi tuo è il domani
e il mare, divenuto immobile, si trasforma in montagne.
Da questo luogo
d'ira e di lacrime, di gioia e di piacere
dove le luci si cristallizzano in laghi
non posso più assorbire nulla.

Qui era una valle, un mare, un lago
ora son solo pietre.
Poi di nuovo,
senza fretta ne' bisogno:
dove è cresciuto il monte,
è tornato l'abisso.

E tu,
non vedi tante cose che ti stanno davanti agli occhi.

Gli uomini non possono finire:
ci vogliono per soffiare il potere
nella mia anima invincibile.

Io comando al mio essere,
duro navigatore impenetrabile,
condannato al silenzio,
buio come un pozzo senza uscita,
senz'altro grido che il sangue delle ferite,

ringrazio qualsiasi dio esista
di cose dette o non dette.

Dio è come me:
ateo.
Se esistesse non crederebbe in me
come io non credo in lui.

La fine polvere
caduta dai miei pensieri
mi crea meraviglia di aver vissuto
fino ad ora
mostrando al mondo questo mio volto.

Questo accade quando qualcuno cerca
con rabbia e pazienza
la minaccia degli anni che ancora regna
e non mi trova,
e se mi troverà, sarà senza paura.

Si profila l'orrore di un'ombra
apparentemente posseduta da uno scopo,
ma grida la mente atterrita
perché non c'è uno scopo.

Umane saranno le grida di rabbia,
e i libri dei filosofi
saranno utili per accendere il fuoco d'inverno

e ridurre le idee in cenere,

e i manifesti delle strade strappati

per incartare cattivi pensieri.

Mi serve un sentiero d'orgoglio possibile,

una promessa pulita e non triste,

dominata da una sfrontatezza lenta e fredda,

una speranza lieve

una audacia di chi è senza difesa.

La rabbia così saggia, così umile

alza barricate,

per chi non riesca a trovar nulla,

al di fuori di quel che cerca.

Risposte diverse o simili,

ma non uguali

imposte da scelte ineluttabili

esistono unite a molte solitudini

che ricordano vagamente fatti dimenticati,

ma nel profondo, esiste un'unica solitudine:

quella dei consolatori del mondo.

Quelli che estraggono il tuo mattino dalla cenere,

tagliano coperte,

camminano senza far rumore,

regalano sogno, amore, fame.

Non c'è rimedio più efficace che guardarsi allo specchio,

inseguiti dalle nostre stesse parole.

Io,

e mi riferisco a io,

sono il padrone del mio destino:

in un presente libero.

Un grido così giusto, unito a un urlo accurato,

impara ad andare senza esser riconosciuto,

si trova dietro l'ombra,

se il tempo lo permette.

Non importa quanto stretto sia il passaggio,

sotto i colpi d'ascia della sorte,

nella feroce stretta delle circostanze

il mio capo è sanguinante,

ma non piegato,

e non ho sussultato, né ho gridato forte.

Mi serve il futuro tuttavia,

distruggo pareti e

dalle stelle trasporto carbone.

Guarderò senza occhi

il sole del tramonto

che ti lasciaalle spalle piedi e testa dorati.

Gli uomini non ti vincono,

né gli dei né gli elementi.

Il sole tornerà alla tua gola,

se il sole è nel tuo petto.

UNA CALMA DA SOGNO

Azzurro, calmo splendente morbido e vellutato.

Un albero in mezzo,

in un mare limpido di cristallo spesso,

trasparente.

E grossi pesci mansueti, di pelo coperti, col muso che sfiora il cielo.

L'albero è frondoso, verde,

non vedi dove appoggia, sembra una nube oscura

in mezzo al deserto.

Poco più alto dei tuoi occhi, sui rami un'iguana.

E la terra non si vede.

Come è arrivata fin li?

Dalla barca si possono toccare i rami.

I pesci vanno e vengono placidi, a sfiorare la superficie dell'acqua

con le schiene.

Non un filo di vento.

L'acqua è olio.

DORMIVEGLIA INDECENTE

Così dopo il lungo perdurante sonno,
delle due disgrazie non rimane che la peggiore:
ghermire il sortilegio della lunga irrealtà di una vita lunga cento
volte,
offuscata da lacrime disperate
di piccole morti imminenti.

Contro l'incanto perduto non rimangono
che osceni incoscienti torpori.
Giusto quelli:
torpori osceni e lascivi, umidi e sudati.
Che illudono tutta la notte sconosciuta.

Tutto hai visto.
Tutto!
Puri pretesti per avere lacrime,
scoperte, denudate.

Tutto quello che è accaduto dietro le maschere
non più riuscirà a ingannarti.
Non più.
Se riuscirai a trovare il supremo coraggio
nella verità che nascondono
gli anni in mesi,

e i mesi in giorni,
e i giorni in attimi.

Ho scelto tra gli ultimi ricordi
i più belli,
tesori che mi feriscono
e mi mostrano il presente.

Le mie risate e i giochi,
hanno l'opera d'amore
con accanimento di carne;
non tormentano gli uomini per futili motivi,
e non li fanno soffrire.
Il respirare ci unisce
a quel mondo di profumi spaventosi
dove non più apparteniamo!

Se anche comporta asperità,
parla d'amore a quella giovane donna,
che ignorava di certe fornicazioni del vento.
Necessario a lei,
e a te,
per rigettare il rifiuto della sua presenza,
approfondita e malinconica,
che quest'odio, più che una condensa,
ama la freddezza assoluta.

Vita nera che,

quando non ama più,
dà a noi stessi l'odore delle spezie morte
e l'amore non ha più senso
dell´amare un'amore perduto.

E solo un verso seguirà, ma lo sarà per sempre.

PAN SCRIVE UNA LETTERA

Mia dolce Ninfa
mia dolce e cara Ethera,
mi hai accarezzato il volto
e mi hai rallegrato il giorno.
E ora una lettera, per raccontarti tutto:
si, hai ragione,
spesso con la memoria mi crogiolavo nei giorni passati insieme,
spesso anch'io ti ho pensato.

Dimenticare,
non potevo dimenticare,
non voglio e soprattutto non posso.
Non so il tuo vero nome, ricordo solo Ninfa e niente più.
Ma voglio sapere tutto di te.

Ma tu mi hai ritrovato.
Spesso, molto spesso, con la memoria rigiocavo alle volte che siamo
stati insieme.
Ricordo quello che tu eri: la mia schiava, la mia proprietà, il mio
oggetto.
Ogni volta che ti lasciavo, ti davo il permesso di essere libera,
ma non ti ho mai liberata,
mai.

Voglio vedere nei tuoi occhi... no, aspetta

perché dirlo?

Sarebbe falso,

tu sai quello che voglio vedere.

Ricordati l'impegno che prendesti con me.

Indissolubile.

Quello non lo potrai mai sciogliere, e in effetti, così è.

Seppure assente prendo ciò che è mio.

Ti amo, ti saluto, ti penetro, ti faccio mia

e mi firmo come deve essere:

il tuo Padrone.

GIORNO DI LUNA NERA

Oggi non sono disponibile:

corpo di ragno

e serpente,

artigli

e becco d'avvoltoio.

LA CINICA FELICITÀ

Una definizione esperta dell'anima
è quella di una indipendente condizione
nel riuscire a sottrarsi, a forza,
dalle lacerazioni di una falsa virtù,
pura lusinga della mente indirizzata al nostro ego,
liberata da una condizione depravata da interne
continue scalfitture.
E non ne rimane, poi, che un essere inanimato
creato dal piacere offerto dalla fortuna.
Ci attende una felicità immutabile,
se rettamente nel conquistarla,
ce la siamo formulata addosso.
Ci lasceremo ottundere da un'umana ottusità
purché rimanga nel giorno un briciolo d'umanità.
Ignoreremo l'avverso che, da ogni lato,
si diffonde da una ragione innata
e si vena di soffocati titilli notturni generati,
per ogni lato,
da un corpo perverso.
In mutevoli alterne vie
le vicende si accendono nell'indifferenza di avvilite premure
di un piacere schiavo che trasformi il corpo in altri concetti.
Credere d'essere felice

senza compensare lo stato che segue,

è una ristretta condizionante limitazione:

quello cattiva, sciocca e mancante di premura.

Soltanto uomini capricciosi sanno liberarsene

e, in sostanza, esserne ancora padroni.

Felice è anche l'essere succube alla sorte alterna che conosce vie

strettamente diverse.

(Se non quelle di procurarsi

uno spazio misero e meschino

che si compiaccia di un male espresso

da moti passeggeri.)

Come non piacere a se stessi?

È liberarsi dalla schiavitù della virtù!

Dannoso è il dolore,

non il dolce e sottile erotico dolore.

Nel suo semicerchio sgorga e nascerà

un inestimabile profondo senso di gioia

e la sua elevatezza elimina dalla vita ogni morale,

impedita da timori non razionali e primitivi.

Non disprezzare tali eventi

che ti compiacciono della tua condizione e

ti accontentano di qual essa è.

FOLGORAZIONE SULLA VIA DI DAMASCO

Mi sono avvicinato a Dio nel centro del universo
ah! l'universo,
proprio nel centro dell'universo!
e l'ho visto Dio
al centro, diritto dentro,
e io l'ho visto Dio.

Là nel centro
ho visto Dio,
ed era:
un cartone animato.

MEDEA

Perché il dolore che più fa soffrire
non può dare aiuto?
Non rimane che silenzio
e la vita sarebbe selvaggiamente irrisoria
se il potere del desiderio
ci ridurrebbe a singhiozzi
in una scivolata nel nulla.

Sotto le abbandonate nubi del deserto
la donna non credeva
e accasciata la mano tra le sue,
piene di menzogna,
imbevuta di calore:
«Non io, né questa bella legge impedisca chi,
ubriaco, venga ucciso. »
L'angoscia dolcemente repressa, le serrò i ricordi.
Lei, immobile da agonie innumeri,
stava, strappando le sua serenità agli stessi morti,
vicinissima a una liberazione universale.
Ma, cadavere lei stessa,
in comunione colla morte
le bisognava contemplare
con vana rassegnazione

permessa dal coraggio dell'amore,
un'offerta di paura,
se tale mano non le tremò.

Non è paura?
Cessato un mondo, al di là, nulla più esisteva.

Quel gesto,
inventando l'immaginato,
nel rigettare irrimediabilmente quel legame,
che forte fu creato da chiuse pietà,
fu per sfuggire un' esistenza,
in una eiaculazione estatica
di pensieri contorti.

ILLUSIONE AGNOSTICA

Il tempo..è uno,
sempre uno.
Il tempo è tutto insieme
uno.
Passato?
è ora.
Futuro?
è ora.
Passato?
è domani.
Futuro?
è ieri.
L'adesso?
è ora, ieri e domani.

Io vivo, ho vissuto e vivrò
dove sempre in ogni istante
sono stato, sarò e sono.

Io mi vedo nello specchio
che si vede nello specchio
che si vede negli specchi

e tutti gli specchi sono in uno
e in altri infiniti specchi.

Ecco come il tutto è contenuto in uno.
E l'uno nel tutto.
E tutto ricomincia
perché mai è cominciato
e mai terminato.

SCHERZO LAPIDARIO

(schematico, inutile e ozioso dove il titolo è più lungo (quasi) della poesia).

Io sono A:

Agnostico, Anarchico, Amorale.

Io sono N:

Naturalista

Io sono T:

Trascendentalista.

Io sono E:

Empatico.

Ma sono Uomo.

Semplicemente un uomo, confuso, che non ha capito un cazzo!

Ma POI, che succede?

Me ne frego o no?

Non lo so.

ILLUMINATO DALLA PALLIDA LUNA
(pensando a Leopardi)

Quella luce
riflessa
nei nostri occhi denoti la insita legge,
di tramonti di oscuri soli
o nel sorgere di un giorno triste.

Ma ne scopriremo i sintomi
e troveremo il tempo che in ciascun c'è.
Per questi
(e altri eventi)
anche il giorno è eredità.

Seguono fenomeni che saranno solo suoi
(quelli tra sole e terra).

Può nulla capitare, nulla avvenire:
solo è concepito il presentimento del concetto tempo.

Tu rimani tra codesto stato e l'eternità:
solo lo spirito parla in anticipo
con lo stesso destino di compite vecchierelle.

Tutte le cose anche son caso?
Quale caso attuerà le leggi di natura per gioco?

Nessun privilegio
e nemmeno lo abbia l'eclissi della divinità.
Avverrà con una inevitabile opposizione al sole.
Avverrà al mutare, abaeterno,
quando,
fatalmente ci saranno esistenze possibili
di casi fortuiti.

E per sapere ciò che avviene
passeremo per la medesima luna,
la luna e quella soltanto,
e la nostra oscurità scomparirà:
essa è un cono al di fuori della terra quando entra nell'ombra.
Momento comprende movimento.

TU, IL MIO AMORE.
(incontro con una regina.)

Di spalle, ai suoi occhi lenta nel vestirsi,

rossa era di schiena.

La orgogliosa pancia di giada

prima di dipingerla con lo sguardo laccato.

La volevo più ancora del sesso.

M'inginocchiai tra i seni per prepararmi

a selvagge attenzioni,

continuai infedele e avrei voluto

truccarla da regina africana.

Mi contenni ad accarezzarle i tatuaggi

e baciare i suoi orecchini:

somigliava, a chi del deserto,

indossava come mantellina le gambe.

Rise, con adorazione e amore,

lasciò strizzarla con la frusta

e che la baciassi.

Semplicemente piegata come infedele

con ampia venerazione e lei, nuda,

finanche i seni, eccetto il colore del sesso.

Disegna movimenti nel scivolarti ai piedi

e ti volta la schiena.

E montarla a schiena, di fronte,

avrei potuto come rigido cavallo

quando mi stava nuda il corpo libero.

Lasciai sul pube un porta di peli africani,

pericolo

di questo non affrontato toccarmi.

Si eccitava curva su aggrovigliati fianchi

e di muoversi fu il ballo senza più

tatuaggi di franchi colori .

Mi diedi conto che il pube,

e i peli portano un colore del blu, del rosso, del verde del giallo

e altri e altri ancora.

Eretti i capezzoli come bacche piene

di sottomarine correnti luminose.

Lei chiese:

"come sarai se con oleose membra

ti aspetterò per prima e,

asciugati gli occhi,

ti muoveranno gli angeli? ".

Sorrise, ma non sorrise.

Chiese coi fianchi: uomo se vuoi

toccarmi, dipingi l'orgasmo

e questa valle più curva puoi truccarla di vari colori.

Lei, libero corpo sul pene,

stava nuda, qual cavallo da circo.

Avrei potuto montare rigida la schiena di fronte.

Aspettò infedele.

Adesso mi contenni

ad accarezzarle i tatuaggi:

somigliava a una regina africana.

Ora che avrei continuato

si muoveva

con infedele attenzione.

Per prepararmi cominciai a dipingerla di

vari colori,

ma volle svestirsi

e dipinsi solo le spalle di verde.

POESIA E PENSIERO
(visione soggettiva della poesia)

Sei rappresentato al meglio,
nella tua maestà inferiore,
come artefice di una corte poetica.
Si armonizzano superiori sentimenti
con strofe senza troppi o nulli versi.

Perdere,ma anche eleggere quartine di sonetti.

Ordini d'architettura superiore
in un rapido equilibrare di figure,
per coprire il semplice con svolazzi,
accolti dal nastro della forma,
o magnifiche strofe liriche elevate,
ma manchevoli di risurrezione.
Non figura di terzine
che solo armonizzino una andatura leggera
con la lentezza della gravità.

Lembi fluidi nella piega della memoria.
Immagini manchevoli, non più precise,
nascono serbando contrasti,
dilatandosi dalla abiezione del passato

al visibile ordine presente.

Numero primo dunque di versi:

ma parole anche sonore,

più forti dello stesso nulla.

Un sonetto,

pensiero di passione lenta,

come un busto senza troppa maestà.

Resurrezione di dipinti raccolti di parole.

IN RICORDO DI ...IN CERCA DI
(giochi perversi di amare memorie antiche)

Cerco solo di riconoscerti e ricordare.
Ricevi, ti prego, i miei cenni, spero irragionevoli:
tu comanderai i movimenti
che possa eseguire per te,
devo vederti e essere visto.

Dimmi dove guardare,
ormai solo le immutabili cose,
in caduche,
puoi insegnarmi.
Non disprezzare se voglio raggiungerti
che queste volontà devono,
con giochi transeunti,
portarmi a te.

Nient'altro, anche se,
schiavo dei tuoi dei,
dovrei averne a sufficienza.
Abbastanza son fuggito
(da te fuggo cose)
e, nel mentre,da solo,
dovrei ormai arrivare alla porta tua.

Aprimi!

Si, aprimi, che devo ritornare,

sento che non sono più come me,

per uno stato di cose ingannevoli

che accolsero questo mio essere,

servo nel ricevere ludibrio.

Ma avrai abbastanza nemici ai piedi?

Aprimi e ordina e guariscimi,

vuoi?

Continuo a vedere con quali occhi

tu possa vedere i miei.

Guariscimi la voce,

aprimi le orecchie

che possa io udire la tua.

Ti amo ardentemente, ora, allora, non più.

Comanda e prego il tuo potere, per me,

di essere desiderio.

Aumenta la speranza e io potrò ammirare la singolare tua bontà.

O solo partire,

giungere ad ignorare dove sono:

suggeriscimelo tu.

USCIRE DAL CONTINUUM .
(fantasie moderne)

Dieci o due anni luce o mille per credere,

neppure un giorno in più di quanto sia lecito ottenere.

Dopo, all'andata,

sembreranno sorgenti di luce piena e,

al ritorno,

il quando non avrà la stessa importanza del dove.

Grigi olofilm screziati e marmorizzati scorrono per la mente.

Tutto questo incessantemente,

per cercare di riuscire,

in un lineare controluce,

ad ottenere una sola ora.

Continui ad aumentare le velocità

per raggiungere più tempo,

ma mentre ti accorgi dei giorni vani

potrai ricavare nuove ammassate realtà,

su cui potrai volare o turbinare.

Rimane solo una virtuale superficie grigia

e nel superarla

potrai andare indietro,

e se i giorni lascerai ad un lato,

colpirai il suo centro lineare.

Comincerai una navigazione esponenziale

prima che inizi a cambiare la vibrazione :

cent'anni o un virtuale giorno, ben sono una ora.

La superficie da marmorizzata a screziata,

prenderà un colore che la superi e la cambi

da grigia a luce.

Le stelle non sono né realtà, né movimenti:

anticorpi ammassati

perché tutti a pochi giorni

dalla luce di una lampada.

Non potrai mai raggiungere la importante meta emessa

dove nessuno può andare,

dove dieci sembrano diecimila.

Dieci o due anni luce o mille,

neppure un giorno in più di quanto sia lecito per

vederla grigia o marmorizzata.

ARCHETIPI: MASCHERE SFERZANTI.
(teatralità della vita compartendo l'ispirazione,
un pomeriggio di pioggia, con un bicchiere di vino)

Tuttavia poteva condurla,

nell'impazienza della mia gioia,

in splendidi teatri decorati da dettagliati manifesti (visti ancora

umidi)

dove tutto si dava.

Così faceva precedere il nome

che non aveva voluto pronunciare,

di una dea senza nome

che annunciasse l'estremo rito

che si sarebbe perso al solo pronunciarlo.

Permisi alla memoria subire una sferzata

e attenderne una nuova,

che quella da poco avuta,

non in quel giorno,

mi ricordava dolorose forme

e oscillava per una mia concreta indecisione.

Così stavo

davanti alla ultima crudele quotidiana colonna

come stilita per la prima volta in cerca di verità.

Mutò il mio andare per sempre a sentire
quello che era un desiderio inverosimile
da credere e sperare.
Poiché alla sofferenza della vista
prodigavo ardore,
e in un abbreviato andirivieni di mesi,
al confluire alle sue congestionate orecchie
di indecenti madrigali,
lei si rifugiava nelle medicee cave di marmo
simili a tombe.

Ricordi?
Sin dalla prima volta
chiusi in un teatrale pomeriggio,
aprimmo la strada
per raggiungere le ammesse platee,
attraverso le porte di una cucina del talento sicuro,
fucina dove tutti stimolati a dedicarsi,
felici dell'opportunità di quell'arte.

Degli interpreti l'elenco non offriva
che altri potessero avere attrattive esitazioni,
ma, leggendolo,
sapevano che non li avevamo dimenticati.
Caricammo illusione e delusione,
all'apparire dell'annuncio di dover,
all'improvviso, perdere consistenza:
nome, divinità, volto, tempo, l'implacabile e l'inevitabile.

Alzato il sipario e imminente la rappresentazione,

addirittura a quell'ora e a quel giorno,

sarebbe, lì,

davanti alla colonna,

pronunciata l'attuazione con parole magiche

in una importanza estrema

di effervescente creazione.

VECCHIAIA DAI DENTI GIALLI
(strada del dolore)

Lente, si ingrossano le vene
in un irreversibile letargo,
si sfalda ingiallito il dente lasciando un
vuoto che dirada il giorno.
I giovani parlano la lingua,
tu le sole memorie e
un'altra di malate parole perdenti,
testimoni di scontri a te vicini.
Tu, specchio disarmato
dove si spaventano i bambini
che imprigionano in cambiamenti noiosi le frasi atrofizzate,
nella crudele tua quotidiana incapacità.
I discepoli ti superano,
e cancelli il volto mentale in un buio firmamento
di progetti lontani.
Viaggi sulla pelle di un inconquistabile passo d'amore
e in illusioni, sempre irraggiungibili.
Si trasformano in piccole le grandi e si assottiglia la tua agilità,
in una fine decomposizione su abbattuti ruderi cavernosi.
Lo sfregamento di interi nomi di periodi
sottoposti a sfocati matrimoni allargati.

I molti erano giovani e i battesimi, a turno, già anziani,
che sempre dolgono impazzite le pigre ossa
per l'avanzare del giorno.
I sentieri degli occhi, della fronte, del collo,
attorno a loro impotente,
prima attraevano, ora uno a uno,
mentre si spengono le stelle mentre
inflaccidisci gli incontri:
e si estinguono.
Incalzanti si trasformano
in ritmi già conosciuti che affiorano e scompaiono,
vince la voglia del "non sono"
e la gente sempre uguale, tutta la gente
e sarai a tua volta dimenticato.

DANZARE E AMARSI
(su una musica di Paganini, ad occhi chiusi)

Lei, in trasformazioni musicali,

dall'aspetto di pura polvere cristallina,

formava danze

che frenetiche si baciavano sussurrate, una sull'altra.

Aleggiava oro nel suo petto

e

premeva l'amore in avvenimenti gemelli

aggiungendo

voluttuose risate alla musica.

Appoggiava al suo io ebbrezze,

per carezze dipinte su guance sugose,

e su quelle trapelavano le labbra riverse,

ninfa imposta dall'idea

sotto impulsi fatali

mentre dignitose mani miste la toccavano.

Si dimenavano gli occhi,

e lei, ancora lei,

indifferente, oscura, sul tappeto

giocava con la musica

colle orecchie baciate continuamente da danze, ancora sussurrate,

che, insieme a concitate risatine significative e bisbigli,

mutavano la nebbia in un ritmo suadente.
Morsicava affiatata la bellezza del corpo
con le labbra trapassate da impulsi.
Sapeva spostare gli occhi sotto le sopracciglia che ridevano
mentre le ammiccava la libertà dell'anima.
Una coscia, un corpo accarezzato tra gli uomini,
tutta sulle braccia premeva,
in un vincolo baciato da denti belli,
imposti al ragazzo allacciato per amore.
Si mostravano puri, uniti in manifesti movimenti di corallo,
si corrugavano sagome,
s'intuiva il solletico ai fianchi
nel cadere degli impulsi dell'uomo.
Volteggiò lei denudata e si abbandonò, ad amare
il ragazzo, a quel viso:
ridevano, gridavano,piangevano, gemevano,
mutavano la loro libertà in nebbia
prima in carezze, poi, concitati, in un dolce credere.

Ai piccoli piedi uniti vicino al viso
ammiccò per amarsi in una dignitosa fatalità:
dimenava le labbra
mentre significative risa si abbandonavano
all'idea astratta.

Ai fianchi la metà era spazio,
di fronte l'altra metà era grandi impulsi.
Tuttavia la vide, mentre indifferente

ai movimenti costretti dall'anima,
quando distolse gli occhi dal suo viso esposto
allo spazio infinito.

Nulla lasciava pensare fosse una finzione,
un'idea astratta della raffigurata anima instancabile.
Risate aggiungevano amore
e mostravano oro in frenetiche danze pure,
e si mostravano formate
di pura polvere cristallina.
Poi la musica terminò.

LA SCOPERTA
(La ribellione)

Recitavano i tempi,
che al suo ritorno si distaccarono in lei
pensieri vermigli,
(utili per perfette occasioni)
e nell'abbracciarsi si lasciò cadere
in melanconiche contemplazioni
affinché i tempi del perdono giungessero all'anima.

Allontanate le labbra dai rovi s'inginocchiò e
il castigo atteso all'umiliante percorso:
cedette in lacrime commosse rapite da riconoscenti speranze.

Ora non più graffiavano le spine,
ma rassomigliavano delicatamente a piccole strane sensazioni,
e la stagione dell'anima ormai la circondava
con le mani riempite dai sensi;
la fanciulla rabbrividiva
farfugliando frammenti di un sacrificio dubbioso.

Ad allontanarli gridò:
«Sono diventata buona, andate!»

Ma percepì lo sguardo tra le cosce ammirevoli,
le dita complici diventate spade
sostenute da pensieri indemoniati
e viva,
ne gioì nel perdere l'aureola dorata
che ricopriva l'equilibrio semidistrutto
da altre tremule voci.

Posta a terra la camicia:
nuda e prosternata
in lei risuonava una canzone
giunta da paesaggi eterni.
Rinchiusa la sferza nel bell'incarnato
mentre l'esorcismo piaciuto fu elevato agli Dei,
accelerandosi diede al bel omaggio,
monolito antico,
del fodero del piccolo giardino,
acquistato da un angelo.

Ma lo straniero nell'inghiottirla
l'assecondava strettamente
e veniva così a serrare la freccia
centrata sulla selvaggina
per compiere miracoli
nelle finestre del corpo.

Rinunciati ai vantaggi di quel giorno
ritrovava il ricordo di memorie

della discesa di quella che, all'inferno,
teneva per nome di disciplina.

E aggiunse:
«Cielo, ti ringrazio! Sono giunta alle mie perversioni!»

Apriva la veste e sollevata teneva la schiena
per lasciarsi guidare con subite scosse,
il mostro sembrava trovarla
come schiuma in un esercizio di svogliata sorpresa.
Lasciata l' immaginazione crudele del passato
ritrovava lo slancio in cui
vedendosi ragazza rispondeva:
«Dimenticherò con un canto accorto».

E mandò, pura, le armi, che infilate nel libro aperto
rappresentavano certo assai vigorose compagnie
e tenevano afferrate le povere illusioni
abbracciate strette, per dimenticare tante belle speranze.

Infine l'aspettava nascosto il piacere
per appartenere a quello stato
raffigurato da uno spirito d'astuzia verde scuro,
che gli desse completamente il tempo di gioire.

Lei sapendo si disse:
«Sento i desideri suoi,
l'uno eguale all'altro,

come in quelle isole greche
dove instancabile fui a visitare la pura illusione
e si danzarono danze di pura estasi.»

Il fisico incantevole
attraversato da un impuro boccone
condusse a un tremito,
nel descrivere spirali di brughiere
intonate a terribili orizzonti di edera corrotta,
che trascinavano le pietre dalla città,
lanciando nebbie scintillanti,
per condurre all'estasi il toro contenuto.

Per questo disserravano i tronchi di forti betulle nere
nel fervore conservato dalla giovane vecchia vita.
Il desiderio della carne mutila,
in paesi dove le bambine
vivono false intonazioni,
incontravano le mille cose,
dedicate al dolore di morire
e soffrire la mortificazione mescolata ai capelli.

POLITICA STORICA
(eticamente superiore alla scimmia impazzita)

Esauriti gli ostacoli di gloria e bellezza estetica
invitavano al mutamento dal torpore
con smisurate logiche d'insicurezza
a forgiare con classica lucidità emozioni eroiche.
La lotta contribuisce al loro processo,
(al tramonto di insondabili espressioni).
Eppure sembrano esistere energie in essere
per il suo predominio,
per respingere storici trascorsi
e l'indistinta massa degli indeboli si deforma.

Inatteso sublime: dopo il divino cristallizzare
delle personalità che evocano storie,
sempre matematiche
nel massimo plasmare degli individui,
secondo coinvolgenti immagini
stabiliscono iniziate leggibilità classiche.

Una patetica eccezione:
sottraendo deserti immensi a oceani infiniti,
mediante nuove superiori aspettative

soggiogando l'uomo,
ormai umiliano il pensiero cancellato.

Dall'individuo superiore alla superiorità dell'onore:
lo zenit del piacere passato.
Strane interpretazioni di segreti
animati da psiche naturale:
teoriche dello stato di grazia.
Allora echeggiano nuove tensioni misurabili
da frontiere imprevedibili
supposte da una ottusità emotiva,
trasmessa da modelli inutili,
unicamente da limiti non percepiti
svelando una crescita tenace.

Ma il rifiuto dell'origine
per degradare rigide visioni
un intenso rigore insistito dall'antichità,
con la derubricazione
dell'estasi predatrice di metamorfosi di società
desolate estetiche e aristocratiche.

Arrivano messaggi osati
e strani
uniti a sensazioni che accompagnano
innocenti ricerche di vecchi vulcani
coinvolgendone per rilevanza lo svolgere quotidiano.

Se intense son le differenze
di sguardi propizi su enormi territori,
solo l'acuta percezione del genio,
drasticamente terreno,
viene disarticolata da terrori antichi:
dall'individuo,
dal gioco,
dalla politica,
dallo sviluppo,
dalla società,
dalla poesia,
dall'etica,
dalla giustizia
e infine
dall'amore
scaturisce la potenza
con cui salvare addomesticati millenni,
minacciati dall'autonomia della bellezza,
che viene dal gradevole capovolgersi
di un misto radicale
in criteri di falso adescamento intellettuale.

Fissare su smalto le idee (quelle cambiate),
con documenti di sublime invenzione
che implicano il sollevarci in nuove strutture.

Il pathos mostra altre categorie,
perché mentre l'originario destino può continuare,

qualcosa sembra dominare l'idea
di una effimera contrazione
creata da una natura inumana.

Un perdersi sublime in un'eclissi affascinante
piacevole,
per il tormento della vaghezza.
Sconfiggere il "bellum mundi" abbattendo montagne inamovibili.

Morali voluttà ostili a tutto:
cuore eccelso proiettato nello spazio
dalla scellerata agonistica trinità:
grandezza morte lacrime.
Trinità tormentata da dita creative
in aggirabili inconfessate armonie auto erotiche

CUCINARTE È POESIA
(orgasmo e cucchiaio)

Coltello,
taglia carne anoressica e rossa
e prosciutto nobile,
lama che penetra e scivola
e forma bacche di corallo:
che sfioriscono all'aria.

Come prostituta
cuocetele con bianco burro di latte,
seme di terra,
e arrossatele con piacere,
in una perverso sadico fuoco
che da un voluttuoso sapore lento
placcate siano dal color nocciola.

Quando all'agrosalato unite virginei colori
affettate in sottilissime diaframmi
altrettanto virginee cipolle,
e salate da trasparenze dell'inferno
si rivelino a caramellare,
in lunghi tempi curiosi.
Neppure si può pensare che,

come sanguisughe,

giochiate accarezzandole,

ma poi solo si accarezzino

come un profumato organo per avvolgente predominio.

Ricatturate i vapori:

fate la trasmutazione

provata da innumerevoli manifestazioni orgasmiche,

per le immense capacità

non solo da palatale lingua.

Dategli un denso alchemico sapore:

cibo lento, che sia giusta sia la carne

con l'olio incorporato,

con parsimonia e sguardo pietoso

poi e versate e unite .....

E raffreddate, amalgamate

che non attacchi al scivolare il prosciutto,

e sua volta le uova,

di albumi, sperma anemico,

e tuorli, miseri soli e tristi,

poi sgranati e cotti,

lasciando al composto una mescola partecipativa.

Puttana la intermediata forchetta

dalle infornate montate,

avvolte dal sadico divenire della lingua

a disposizione del mondo.

Un sorriso in attesa della voluttà pretenziosa
e pronta a servire la promessa
colorata da profumi avvolta a neve.

LA NOTTE CONSIGLIA SHERAZADE

Sotto le nubi
abbandonata nelle notti da mille secoli
la città si sentiva umana
sotto la sua luna.
Profane moschee dormienti
nel colle fremevano alla vita e all'amore.
Fremeva l'umanità oppressa da una morte libera,
affannata dal suo stesso silenzio,
incosciente, ma fin troppo vera
(se non fosse stata di altro pianeta).

La vita è anche per quelli che dormono?
O sono intrusi?
O è per quelli che parlano
e loro preghiere, abbiette agli altri,
cantano profondità e felicità
alle forme della vita.
La vita, calda e umida,
con le sue materne mani
strappava lamenti che,
come carezze,
attendevano una risposta
da bocche che già avevano detto prima:

«Hai parlato, ma ignoravi che questa tua stessa risposta
sarebbe fiorita da una angoscia guarita.»

Una risposta ricevuta da una luna che nulla aveva di spaventoso.

Mai appello,
che alla luna come dal cuore di un bimbo venuto,
venne sentito con si tale desiderio
che pareva levarsi disperato
e mai tale sforzo
(mai pensato prima)
dovette elevarsi a si tanta profondità.
Soffiava il vento dal lago senza il più piccolo sibilo:
da sempre trasparente respiro dell'eternità.
Così giacendo abbandonata,
più facilmente sopportava l'angoscia con il coraggio della morte.
Avvicinarla avrebbe avuto,
se esisteva,
la fortuna del suicidio.

Quella futura pazzia mascherava la calma che racchiudeva il
mondo.
Ne mai se ne sarebbe liberata.
E sulla città cupa un Dio crudele,
per lei cinese,
fece passare del cadavere il fetore.
Quello stesso permeò la notte e la luna,
che spaesata, ricadde sola.

Quasi dormivano gli uomini
e per tutti c'era solo una vita inquietante inabissata dal sonno,
una vita avvolta nella stanchezza
una vita abbandonata perché invasa dall'angoscia.

Ella fu folgorata:
«Io sono come la città e lei vive in me».

Così si liberò quella donna:
indifesa davanti all'universo
nuda nel suo abbandono alla morte.
Una sensazione d'ebbrezza non aveva cessato di pesarle.

Con un elementare gesto simile al pudore
chiuse il vestito inventando una suggestione immaginata,
proteso insetto al paragone di tante stelle.

Chiuse il vestito non per sfuggire loro
ma per pietà del creato:
le braccia, le gambe e il corpo esistevano
per le incollate luci fittizie.
Quando quelle luci raggiunsero gli uomini
creando nuovi legami
rimasero irrisorie
e li lasciarono dolcemente repressi.

Ubriaca freddolosa

protese le sue mani

piene di calore d'insetto,

e volle istallare la vita selvaggiamente.

In un momento, in un unico momento

accolta in una offerta

si impedì di vedere il cadavere di se stessa.

STORIA DI COMUNE ODIO, AMORE E, CHISSÀ CHE ALTRO.
(Litigio alla finestra)

Pallida al guanciale il capo,

il gomito lontanissimo.

Puntato per ribrezzo.

Un' attrazione invincibile

e diceva comunque nel mentre con odio.

Non diceva:

solo un lampeggiare vedovo agli occhi,

e insieme a tale sforzo, stava a guardare.

E la realtà di fronte corre alla visione,

alla finestra affacciata.

Piccoli momenti nella vasta strada passano,

la rivivono gli altri per un piccolo, misero che.

Ti viene alla mente di chiamarli e domandargli:

"Giorno, dito, soffio, lacrima. Così ti riveli?"

Ma io appaio ignoto a lei,

nel mentre riconosco la via dalle immagini che passano,

e hanno vita.

Non penso, corre la mente senza fare sforzo.

Dovrei staccare da me la gente,

come appare nella via.

Io quasi lasciavo passare i pensieri

per non sentire la solitudine.

Ma tuttavia avido

ascoltavo le parole con più attenzione.

Crede far sua la tensione.

Ho bisogno quasi di rilasciare spasimi

e impenetrabili sono quelli che sembrano guizzi.

Grassa, vecchia zia,

orribilmente stava

con enormi occhi strabici.

Comparivano nel silenzio quegli immobili

immondi mondi,

avanti gli occhi pareva mostro

le gonfie pallide mani sul ventre:

io naufrago nella soglia della finestra, nella liquida penombra.

Lei è mia.

Poi dall'alto in aria rideva un'apatica immagine

che muoveva lampi: l'abitava un'ombra.

Sentiva tutto ciò ch'io sentivo,

e sorrettole la mano le arruffai il pelo.

PORCA VACCA! SONO L'EREDE DI TUTTO QUESTO?

(Non è un po' troppo per un uomo?)

albert camus,

anais nin,

anna magnani,

apple,

atlantide,

bach,

batory,

bhagavad gita,

boscimani,

budda,

burton,

busone (in romagnolo),

caino,

carl gustav jung,

castaneda,

cervantes,

chessman,

cristo,

cromwell,

dante,

de sade,

dracula,

einstein,

elie wiesel,

eskimesi,

eva e la mela,

galilei,

galla placidia,

gandhi,

giacobbe,

giappone,

gilgamesh,

giulio cesare,

gli altri,

hesse,

higgs,

hobbs,

i king,

i pigmei del congo,

i racconti di canterbury,

i sufi,

il pellegrinaggio,

iliade,

india,

indiani americani,

innocenzo III,

io,

italia,

j'accuse...

joseph conrad (cuore di tenebra),
kafka,
keplero,
la mamma,
latino,
leonardo da vinci,
lutero,
maometto,
marilyn monroe,
marocco,
mare,
michelangelo,
mongolfiera,
nordico,
norman mailer,
omero,
paracelso,
pastasciutta,
pitti,
puccini,
saffo,
satanisti,
shakespeare,
shuttle,
spagna,
tre punti,
ufo,
virginia wolf,

x file.

senza contare:

gli amici, i nemici, i parenti e i colleghi.

antenati e no, nipoti e no.

e tutto quello che ho dimenticato,

ma,

un buchino nel cervello me lo ha creato.

ACHERONTE
(L'eterno ritorno dei grandi poemi epici
e di morti antiche)

Felice, con il cuore posto in leggii pubblici,
lascio ogni paura di un fato inesorabile
che calpesta le cose,
poiché valli e foreste e fiumi potessi amare con umiltà
e mi invidi persino la terra,
di gelide valli dispersa
e soffra per incoronarmi con pietà.
Fasci di porpora turbano il popolo reo
che agita di infidi non fratelli
la discordia.
Coloro che con armi in pugno penetrano
e coi remi gli ignoti mari,
scendono uniti in congiura
affiancati alla potenza e alla fama,
con l'apparenza di vergini velate.

Qualcuno nutre le notti col sangue
e non tardano a venire selvatici nemici
Dove, intorno nella natura,
si vedranno avvicinare con una parte del cuore
che vieterà inattivo ogni speranza.

Ma non sempre fu così.
Il frastuono fortunato di chi conosce lo scorrere
ancora ossessivo nella campagna
dell'acqua di Acheronte tra i rami degli ulivi.

Il tuono si abbatte nei focolari,
accanto a stanze che,
una di bocche e con voce di cento lingue,
nasconde l'iniquo che con i suoi resti
cagionò la morte.
La morte che condusse l'orrore di delitti
da deliri armati
alla corrente piena di Acheronte.
Vi galleggia leggero uno sciame di morti,
rasenta la vicina terra senza riva
e accanto vi sospirano traumi senza fine.
Con poetici preamboli e con invenzioni e inganni
intratterrà i fortunati contadini dalla grassa terra
che in vero apprezzano il cielo e la terra
dove, spontaneamente,
abbondano di mele, miele e frutti.

Lu gli eroi han posseduto
nel palazzo dall'atrio gremito,
bronzi e vesti ricamate e lana d'oro,
ma
si corrompe la pace
che le sue porte d'albero di bronzo

pretende abbracciare:
nemmeno rimane sicura
la purezza dell'olio sparso su sudari fatiscenti.

I battenti intarsiati
non possono fermare la bocca aperta di rosso
e tra i cornioli, sotto la bianca coltre,
svaniscono i colori.
Non è profumo di cannella d'oriente questo,
non son doni di api: è sangue.

Poi dalle grotte vomita la sorgente
per i campi la frescura di pietra,
rotti i gonfi argini farà laghi
tra superbe vastità,
e di sotto i muggiti dei buoi e uno e più amori
saranno accolte le acque prorompenti.
Trema il sole, nel salutare la terra,
per le fasi della luna giunte a eclissi venute attraverso l' infinito.

Le ninfe, sorelle e amanti, vedono perire Pan,
e per pietà rivestono di gioia il vecchio agreste.
Più non soffre nei regni
destinati a grandi frutti generosi,
e non coglie l'invidia dei ricchi
che producono dai poveri campi:
ignora chi spontaneamente
tormenta i rami delle viti.

Ma le severe insanie prima venute dal mare
le pretende vivere come vele al volo.
Sin dall'inverno, all'ombra che si avvicina ai rami,
fino all'estate
quando si affretta a bagnarsi il sole nell'oceano,
ricorda il percorso
quando venne a consacrarsi alle stelle del cielo.

Si mostrano le vie agli agricoltori
che trovano i pascoli e,
per ultimo,
la dolcezza del sonno sotto l'albero dell'ozio.
Non abituati a domare per se le maree
per rispetto ai padri, non mancheranno
di temere le belve destinate ai sacrifici
o
le giovani addolcite per il culto degli il dei.

LA SCALINATA DI MARMO
(le memorie della morte)

La informe massa senza volto

scende ripide marmoree scale che

gettano dirette al mare,

mare profondo senza colore:

nero sconosciuto universo della nostra mente morta.

Volti senza naso bocca orecchie e occhi

anche se hanno naso bocca orecchie e occhi.

Spenti movimenti smorti

scendono come finita la vita, senza interesse, amorfi:

sanno che tutto non serve

più.

Belli, straordinariamente belli

e brutti, straordinariamente brutti.

Hanno niente con loro,

niente;

solo i vestiti, le loro antiche corazze.

Non ci sono persone nude, tutti hanno qualcosa addosso:

le loro illusioni e i loro ricordi svaniti nel nulla.

Non parlano, sono assorti.

Lo vedi là sulla destra, quasi timido quel giovane,

vestito di una corazza di cuoio?

È bello, forte, vigoroso:

deve essere stato un grande condottiero
o in ogni caso un soldato valoroso.
Ha lo sguardo serio, ma ha dimenticato.
Al suo lato c'è una fanciulla,
povera vestita di stracci e sporca,
i piedi incrostati di letame e
anche lei è bella, molto bella,
tanto bella che uno non può fare a meno di desiderarla,
ma anche lei ha dimenticato,
gli occhi spenti, nulla le importa,
lascia le braccia stese lungo il corpo,
il capo reclinato da un lato,
è indifferente.
Un gruppo di uomini tutti insieme,
più sopra,
tutti straordinari con costumi riccamente decorati,
ricamati in oro e argento e
folti baffi e basette bianche.
E in mezzo a loro che ci fa quella ragazza?
Così graziosa, non per fattezze, ma per portamento,
così finemente vestita poi,
gioielli delicati per mostrarsi,
per dare allegria al solo vederla.
Ma gli occhi adesso non dicono niente,
vedono luci spente
sentono battiti del cuore inutili.
Vederla ora è spreco, è insulto.
Anche lei ha dimenticato.

Anche il gruppo dei vecchi
quegli uomini, molto, ma molto eleganti,
quelli potenti, ammantati di lontana arroganza.
Lei ha dimenticato,
hanno tutti dimenticato.
Alla sinistra, un poco più in su
dietro a quell'uomo vestito di pelli,
c'è un soldato, di quelli di oggi,
però senza armi, con la sua uniforme
più affardellato di un mulo,
quello che doveva accompagnare l'uomo davanti
per sentieri scoscesi.
Il mulo non c'è più, ma l'uomo si.
E dietro a pochi passi ora c'è un ragazzo:
ha la tunica e anche lui guarda davanti,
con gli occhi spenti cammina
Lento scende i gradini uno alla volta.
Non si rende conto della scalinata di marmo che ha sotto i piedi,
on si rende conto del mare davanti a lui.
E scende come gli altri,
e scende senza sapere del mare davanti dal profondo blu.
Non ha ricordi?
Nemmeno curiosità.
Il soldato e il ragazzo hanno dimenticato.
Nessuno si guarda intorno,
nessuno capisce che succede.
Un donna brutta, vecchia
a malapena si trascina,

le ciabatte unte,
una robetta di cotonina stampata
e inciampa e s'appoggia d'istinto
all'uomo al suo fianco.
Il giovane eroe di poc'anzi
la guarda come non esistesse,
non un moto negli occhi spenti.

Sono milioni, una marea infinita,
infinita la scala e infinito il mare,
sono milioni e non lo sanno,
sono vissuti e non lo sanno.
Finalmente i primi arrivano al bordo.
Appoggiano il piede nel primo gradino immerso,
timidi
non sanno che fare.
Poi un altro passo e poi un altro.
L'acqua fresca li smuove dal letargo come un brivido,
ma continuano a scendere i gradini di bianco marmo.
Le facce si confondono, si mescolano all'acqua esangui.
E continuano a scendere, lenti, nell'acqua fredda,
inesorabili
a milioni.
Sembra non debba mai finire,
la memoria si perde e si dimentica di guardare.
Solo dopo eterni momenti del lungo olvido
rivedi la scala di marmo.
Vuota.

IL RISVEGLIO DELL'INNOCENZA PERDUTA
(sola nel il giardino segreto)

In una giornata di primavera
ricca di nuove essenze,
seppe che da un'orchidea si sugge l'immortalità
e in un impressionante miscuglio
vi si pone incenso
aspettando un vago autunno.

L'ammiratrice,
sfiancata dall'entusiasmo del padrone,
senza altra compagnia,
lusingata finiva le visite alla terra,
in una palpabile attesa
dopo la distinta emulazione dell'arte
applicata dalla giovane nell'adducente giardino,
per competere ai fatti avvenuti nelle stanze ardite.

Tutto stimolava, per consimili sensazioni,
e ricordava le giovanili rivalità,
e le bocche,
nel loro proprio investigare,
con eccezionale raffinatezza,
possedeva prospettive tutte favorevoli
alle doti di donna.

Sdegnava gli approcci dedicati

a riservate regole naturali,

e eclissava riposti profumi,

per immergersi in piaceri al momento straordinari,

e,

quale fanciulla desiderabile,

avrebbe eluso lo sproporzionato divieto

dovuto a quella educazione

che avesse da tenere per tutta la vita.

Con insopportabile prontezza,

inaudita per il suo stato,

si precipitava ostensibile

e dell'inusitato permesso aborriva

avere avuto l'occasione d' innamorarsi

e poteva cogliere,

con eccellente indifferenza,

la pungente preoccupazione,

che pensava fosse naturale.

Divenne semplicemente una capacità malinconica

attratta da avventure illecite,

innumerevoli per qualità,

attratta da un ossessionato continuare,

in quel essere destata da quella sensazione,

dai passivi, squisiti svantaggi del superfluo,

così affascinanti perché senza precauzioni.

LE BELLEZZE CHE CI ACCOMPAGNANO
(quando passeggiavo d'inverno sotto la neve,

lasciando l'amata)

Brevi fatti restituiscono bellezza

in una giornata di doppio freddo

(uno per la propria identità

e uno per il subitaneo ricordo).

Per istinto l'identità della bellezza è temperatura.

La bellezza è una lacrima omaggio del futuro,

regressione presente di luce,

come l'acqua d'inverno,

astratta di colori all'occhio,

è e come una benvenuta una lacrima anticipata,

quando congeniale la sera tutto migliora

e la lampadina abbellisce con intensità la città del tempo.

Si calma la tua retina, subordinata

mentre il movimento della lacrima,

necessariamente addestra il mondo.

Toccando una volta a folle velocità

ultramondani e superiori passaggi

dobbiamo poi lasciarli per sempre.

Addirittura ogni specchio per ridondanza

elabora una eccesso di certezze teoriche definitive.

Perché l'occhio assorbe la città

e tu, esiliato la opachi in processi analoghi
puramente ottici.
Solo effetti speciali, visti per la stagione,
abbandonandoti al commiato.
Così, ti menti
alleggerendoti la partenza
E con l'amalgama
di finite consapevolezze
colta in alberghi
con specchi abituati
a essere sorpresi
dove l'amore scopre la luce,
nuda la città si veste della mia
separazione.

Dopo, qualcosa rimane sebbene ancora inanimata
e la lacrima tutto trasforma in riflesso.

Al tuo occhio narcisista
ti ritrovi sereno, sebbene il commiato
provochi
un dolore sopraffatto.
Ha la funzione della serenità
ed è una delusione indispensabile all'età,
in cui il futuro è uguale
a un armadio settimanale.
La bellezza è negazione nel suono ,
aperto a una crepa della natura.

I GIORNI DENSI DI SOLITUDINE
(Le donne e la guerra)

Aspettavano lontano quelle parole
i capelli striati d'oro:
Incominciarono a muoversi
e scomparvero all'angolo
da cui si erano riversate
prima che potessero rispondere
alle ripetute inebrianti notizie .

Il sangue diventato rosso ogni mattina
offuscava la vista:
la testa, dopo, al buio,
trovava nella stanza coperta
un luogo quieto,
un piccolo insanguinato specchio d'acqua.

Dissero le donne:
«Diteci che dobbiamo fare adesso! ».
Indicarono le lapidi illuminate dal sole.
E risposero voci antiche:
«Portatevi allo stagno
dove in aule odorose
donne di legno apriranno,
le porte pesanti trasformate in cinerei manti. »

Si lamentarono quando vennero e
aspettarono di andare al loro incontro
ignorando il silenzio:
«Vorremmo portare notizie di aprile e
profumo di glicine
fra pochi giorni i peschi saranno in fiore,
ma noi strisciate al suolo terremo sete,
nella strada con la morte fin troppo vicina.»
Loro, gli altri, nemmeno possono rispondere,
stanchi di ardere carichi di lotta
e di avanzare in conati d'agonia
deglutiti senza controllo.
Le ragazze, parlavano ai genitori
dopo aver perso il frutteto di primavera,
per sentire i ragazzi là che si trovavano
nell'ombra
con le mani irrigidite,
ed entrarono nella casa
per a lungo contenere le poche forze restanti.
Le giovani li sentivano venire
e giunsero sprofondate al sofferto aprile
quando videro i soldati entrare nelle profonde tombe illuminate dal
sole.
Nello spegnersi dei lamenti delle sette battaglie
premevano la fronte delicata nell'aria
e si agitavano la gonne logore,
un grido:

«Dov'è? Indietro»!

Poi,un giorno si svegliò,
ma a lui che aspettava di fianco vicino a lei seduta, non c'era niente
e
da allora rimasero solo innocui anni.
Così c'era un vassoio accanto
e calda
la minestra sul letto,
la porta chiusa.
Chiamò: nessuno?
Dopo che nulla rispose all'ultima chiamata
piano si spense la lampada disperata
al suo soffio disorientato.

IL VIAGGIO DI CLOFASPERIA PELAGATTI, DI COGNOME E DI FATTO, POETESSA DELINQUENTE E FILOSOFA, BARBONA DELLA TERRA GRANDE AI PIEDI DEL MONTE.

Atto multiunico surreale in preda a un droga non identificata (ma molto divertente), ovvero: Resurrezione e catarsi.

Si alza il sipario su una scena vuota e polverosa. Sembra un teatro abbandonato.

Dodici bimbi in fila e in scala, laceri sporchi, ma straordinariamente belli di fronte allo scenario si tengono per mano.
Sono di tutte le razze, neri e ricciolini, gialli e minuti con gli occhi a mandorla, latini mediterranei e molto di più; la più grande, prima della fila è la nostra Clofasperia.
Quattordicenne circa ha già le fattezze di una giovane donna, veste come in molti paesi slavi: gonna larga e una camicetta semiaperta sul petto procace. Ha un fazzoletto al capo, verde smeraldo che incornicia i capelli biondi e gli occhi azzurri.

CLOFASPERIA: Io sono Clofasperia, la prima nata dei miei fratelli. Non mi piace la parola vecchia perché io non lo sono e nemmeno anziana e nemmeno matura. Quindi non sono la più vecchia, sono la primogenita. Sono solo la prima nata. Questi sono i miei fratelli e sorelle, vita della loro vita e sole de loro stessi occhi. M'infastidiscono perché mi rompono le scatole e non fanno niente. Anzi no, chiedono, chiedono sempre, e questo lo sanno fare.....bene direi, molto bene.
SECONDA NATA : Io sono la seconda......

CLOFASPERIA: Non ho finito! (stizzita e tra sé), ma che maleducata. (al pubblico indicando la sorella) Scusatela, quella è la seconda nata, dalla stessa madre e forse dallo stesso padre. Non v'inganni il suo viso simile a quello di una circassa dai capelli neri e grossi come spaghi e dai pomelli rossi. Mia madre dice che non ha mai tradito mio padre e mio padre dice di non sapere. Però penso sia un bugiardo perché so che il sesso gli piace. Ogni tanto fa la cura mangiando testicoli di gatto e pene di serpente a sonagli e dice che funziona. Ogni volta ne nasce uno nuovo...di figlio naturalmente.

SECONDANATA : a me non importa... circassa o meno. Un vecchio a cui piacciono giovani e bellocce si è già informato su di me ed è ossessionato dalle giovani che sono o sembrano circasse. Spero che non puzzi e abbia molti soldi. Una fattucchiera alla mia nascita ha detto che il mio destino è quello di ammazzare uno con i baffi che si chiama Nietzsche prima che compia gli anni che abbiano due cifre uguali. Visto che gli undici li ho appena passati vediamo ai ventidue. Io sono comunque una brava ragazza. Ma il destino è destino.

PRIMONATO: Adesso tocca a me, perdio! Sono il primo dei maschi e di diritto ho la masculo potestá. Non mi mancate di rispetto. Io sono il primo nato, il capofamiglia visto che quel signore che si diceva padre non sappiamo che fine abbia fatto. Chissà dov'è. Per me si è sdraiato in una fumeria d'oppio e non si è rialzato più. L'ultima vergine che ha raggirato si dice sia la mia vera madre. Ma non lo so perché di quel giorno mi ricordo molto poco. Forse è ascesa in cielo con lui e si stanno facendo tra le nubi. Scommetto che lassù lo venerano come un Dio.

TERZANATA: Io sono la terza nata e sono la più bella e angelica tra tutte. Mi volevano ingaggiare per una festa privata per fare la parte di Cappuccetto rosso, ma chi doveva recitare la parte del lupo ebbe un litigio con il cacciatore e finì in tragedia. L'arma non era finta e morì. Adesso sono in cerca di lavoro, come attrice naturalmente: accetto parti di Cappuccetto Rosso o Alice. Anche di quelle dei fumetti che si tengono

nascosti sotto il libro di latino. Per una buona paga naturalmente...
(ripensandoci) anche una cena con pollo e patate fritte.

SECONDONATO: Già sono uno di quelli che contano meno...anzi contano un..

CLOFASPERIA: attento a come parli o ti lavo la bocca col catrame...

PRIMONATO: Volevi dire sapone, ti sei sbagliata, ignorante!

CLOFASPERIA: No catrame, ho detto catrame, così ti si incolla la bocca e non si apre più e ci lasci in pace.

SECONDONATO: ...cazzo! Ecco l'ho detto. Così mi si nota! è il destino dei figli minori. Destinati a crescere con un grave complesso d'inferiorità perché sanno che mai avranno voce in capitolo. Non ci rimane che poter dire una parolaccia ogni tanto. Anzi per dimostrare la mia autonomia, proclamare al mondo la mia indipendenza e realizzarmi come essere umano ne dico un'altra: Merda! Adesso me ne vado a giocare a crocetta e pallino e non mi disturbate. Chi vuole giocare con me?

QUARTONATO: Non vi illudete se non vi sembro piccolo anche se sono il quarto nato. Sono quarto perché dall'antro fecondo dell'utero di mia madre sono uscito subito dopo il terzo nato. Siamo gemelli, ma un attimo prima mi diede uno spintone a un lato e uscì davanti a me. Dopo mi disse che lo fece per vedere la luce che non poteva aspettare. Manco fosse un predicatore televisivo. Ora per colpa sua sarò ricco di complessi, diventerò vegano e omosessuale e mi farò compatire da tutti. Un giorno un omofobo carnivoro mi picchierà e potrò vivere di rendita. Ci sarà un giudice che sarà molto politicamente corretto.

QUINTO NATO: Sei il solito bugiardo, perché se c'è qualcuno che ne ha diritto sono io. Diciamola tutta la verità (si altera la voce in falsetto) Io, solo io. Il terzo gemello, il secondo a ricevere lo spintone. Quindi io sarò quello che nascerà con i complessi. Inoltre ne ho più diritto di te perché son nero e ricciolino e quindi sembro mediterraneo. E poiché vanno di moda....

Guarda Clofasperia, gli fa l'occhiolino e sussurra, anche se tutti lo sentono.

QUINTONATO: l'ho fregato.

SESTONATO : io sono sesto figlio e sono medio, non per lignaggio perché dicono che sia nato da una relazione di mia madre con un certo Dostoevskij, un esemplare della tormentata anima russa, più "circonconvoluta" di un cavatappi. Mi si è girata la lingua. Scusatemi... Comunque Sarà ma anche lui probabilmente scopava come tutti e perdi più sembra che al momento di pagare sia scappato. Per questo ora mia madre si fa pagare anticipato. Ecco cosa servono i geni, a insegnarti le cose.....perché

CLOFASPERIA Cosa dici!? Sai benissimo che non è vero niente...

SESTONATO : Così però era più interessante.

CLOFASPERIA : E offendi tua madre? Colei che si è fatta in quattro per crescerti ed educarti? Irriconoscente..

SESTONATO : Ma realista.. Scusate se gli altri non parlano, (indica i bimbi alla sua destra, i più giovani), avrete visto che siamo in dodici, come gli apostoli. I messaggeri di chi aveva la parola e poi l'ha persa. Pertanto siamo liberi di trasmettere tutte le c, puntini, azzate irresponsabili, giovanili e superficiali che ci piacciano. Se poi le prendete per buone sono sempre c, puntini, vostri.

CLOFASPERIA : Vi presento gli altri fratelli. Settimonato, Ottavanata, Nonanata, Decimanato, Undicesimanato, Dodicesimanata...è evidente che non sono i loro nomi, ma è inutile che ve li dica che tanto non li ricordereste. E a che vi serve poi?

CLOFASPERIA:Il nostro è un Audio racconto, noi ve lo reciteremo, con pause, intonazioni e sottolineando, con la voce, bellezze trascendentali nascoste, persino alla stessa volontà dell'autore.

TUTTI INSIEME IN CORO: Storia veritiera basata su una trama discordante.

I DUE PIÙ PICCOLI insieme facendo un passo davanti: (secondo le testimonianze, anche di chi non c'era).

Ma in fondo saremo casti e sappiamo, perché ce l'hanno detto, che vi dispiacerà. Tanto il mondo è pieno di gene che ama i giovani e molti saranno i frustrati.

Alzano la mano come per lanciare un anatema:

Scagli la prima pietra chi non sperava in uno spettacolo morboso e indecente. Vergognatevi! Che siamo noi fanciulli morbidi, teneri, rosa e senza peccato.

CANTANO:

Questa è la nostra storia bella
a cui nessuno si ribella
perché siam belli e casti e puri
e al vero amor non dureremo.
Se ad avvicinarti non ti appuri
che con l'età e le piaghe peggioreremo

A TURNO IN ORDINE CASUALE cominceranno a raccontare:

Clofasperia Pelagatti è la dodicesima figlia e ultima nata di una coppia di truffatori che vendevano illusioni, specializzati in preti e vergini isteriche, normalmente quelle molto brutte. Anche se tra le loro prede non è che i preti maschi scelti fossero particolarmente attraenti. Anzi la qualità media dei preti maschi, tra comedoni, obesità decentrate e organi sottosviluppati uniti a odori che denunciavano la scarsezza o il prezzo eccessivamente caro del sapone era molto inferiore a quella delle femmine.

Ma un giorno una vergine ricostruita da un medico brasiliano capisce il trucco e a sua volta li truffa portandogli via tutti i loro averi, compresa la casa e il capanno degli attrezzi. Alla inevitabile lotta succeduta nei tre anni successivi, senza risparmi di colpi, offese e vendette, tutto si conclude in un modo tragicomico. La madre sarà uccisa da una porta sbattuta violentemente che la colpirà facendola scivolare proprio su un pezzo di sapone, che guarda caso, aveva regalato a un prete maschio per ingraziarselo e fargli capire in maniera gentile che sarebbe stata l'ora di cominciare ad usarlo. Il comico fu che il prete aveva scambiato il sapone per un semifreddo alla fragola e trovandolo disgustoso l'aveva gettato per terra.

E il padre riuscirà a ritornare in famiglia, dopo avere dilapidato tutti i risparmi di onorevoli truffe e furti, ma non reggerà all'impegno e se ne andrà a cercare lavoro come lavapiatti nel deserto del Gobi, questo dopo aver letto Marco Polo. Prima di partire cercherà di violentare un paio o più di figli e figlie, le testimonianze sono discordanti, sperando di poterli rivendere ben educati a qualche mongolo molto vizioso, ma tutti gli altri figli uniti lo faranno scappare mostrandogli un vipera inferocita. Questo successe dopo che tentò di evirare il figlio più belloccio per farlo passare per una bimba e avere posto un pene posticcio alla figlia più grande cercando di convincerla che così avrebbe avuto una costante e irripetibile erezione. I figli abbandonati sopravviveranno alla violenza del padre studiando e imparando dal male che avevano visto intorno a loro e succhiato dalle tette a forma di testicoli della madre. Si ribelleranno e saranno volgari, ma scopriranno, solo dopo lunghi anni e soggiorni nei luoghi più disparati che quella non era vera indipendenza e neanche segno di maturità. Tra quei luoghi sembra ci fossero state carceri esquimesi e monasteri tibetani.

Vivranno in una lunga notte tutti i rimorsi e i ripensamenti possibili, qualcuno di essi per pura ipocrisia per conformarsi agli altri, la maggioranza per paura di morire di malocchio. Nessuno per pentimento, valori etici o moralismi assurdi, tutti però per rimpianto di non essere stati abbastanza ribelli o svegli.

Forse a tirare le fila di queste paure è una vecchia insospettata, ninfomane e bisessuale, che parla coi morti. Motivo che muoveranno i figli a fare amicizia con lei. Il particolare Clofasperia attratta morbosamente da un labbro umido e dita adunche. Loro colpa grave è che si confideranno raccontando tutti i loro delitti anche i più inconfessabili, ma la vecchia ha un anello magico nascosto in una parte nascosta del suo corpo e rivelerà tutto alla polizia in cambio dell'immunità dei suoi delitti precedenti e anche dei delitti della polizia stessa. Finiscono in prigione e poi, dopo una sola notte liberati. Nessuno sa perché questo cambio drastico, sebbene alcune male lingue raccontassero che i ragazzi decidessero di comportarsi in modo angelico e questo fu intollerabile per la polizia stessa e per il giudice. Sembra che li liberò all'alba senza che nessuno vedesse per timore che il contagio si diffondesse. Di questo non c'è la certezza ma ci sono buoni motivi per crederlo, anche perché nel bagno delle celle trovarono pagine di un Libro Sacro (non identificato) stranamente pulite.

I ragazzi si precipiteranno nella vecchia casa dove avevano nascosto alcune casse di liquori e anche dei salami. Festeggeranno con fasto grandiosità e bellezza, ma una intensa malinconia li porterà al rimpianto struggente del passato. Clofasperia vorrebbe partecipare perdendo la verginità con il primo offerente ma deve desistere per mancanza di ingenui offerenti.
Quando si accorgerà di questo, attorciglierà i baffi (nati in un secondo perché sempre inconsciamente li aveva desiderati) e scoppierà in un pianto dirotto. Lei e i suoi fratelli e sorelle capiranno che il mondo non è giusto. E conieranno la loro prima massima e forse l'ultima:
" è stato il nostro Dio a non essere giusto."

Non senza prima, per penitenza essersi tolta le perline infilate nei peli delle ascelle e del pube.

(A quel tempo le ragazze non si rasavano ancora le parti intime).

Decideranno pertanto che lei e i suoi fratelli partiranno alla ricerca della fonte dell'eterna gioventù.

Anche se ancora giovani. Famoso è il detto della più piccola di tutti: "Meglio prevenire, non si sa mai."

La ricerca, dopo trentadue anni (o mesi o giorni? Fate voi.) sarà infruttuosa e il gruppo si sentirà piuttosto sporco. Infatti a forza di rimandare alla prossima fonte si resero conto di avere perso un sacco di opportunità. Al che il solito fratello, quello intelligente, quello dalle massime facili, disse:

"In fondo non abbiamo sapone..." e allargò le braccia impotente.

Si dice che per la profondità dei suoni emessi più di uno dei fratelli si terse una lacrima, straordinariamente cristallina, (date le circostanze).

Ma come sempre accade l'imprevedibile. Proprio dietro l'angolo, uno dei fratelli preso dall'impulso di una pipì impellente, vede lontano tra alti alberi svettanti e verde intenso le acque di un lago risplendere sotto la luce del sole.

Tanto bella è la visione che pensa: " Sara quella la fonte o è un angolo del paradiso?"

Chiama fratelli e sorelle e anche gli amici e tutti nudi allegri, felici si gettano in quelle acque.

L'essersi purificati in una sorgente d'acqua limpidissima permette di ascoltare le profezie e ora sono eredi di riti di culture antichissime con un'energia vitale e spirituale indirizzata dalla luce alla sapienza ed al bene.

MA NON È FINITA.

Anche stavolta in ordine casuale reciteranno:

L'APPENDICE :

Ovvero

GLI INCONTRI CON LA FAMIGLIA DI CLOFASPERIA CHE
SEMBRANO CASUALI E PASTICCIONI, MA SOLO
APPARENTEMENTE, E, LI PORTERANNO AL GIUSTO CAMMINO.

Nel terzo o quarto anno del viaggio alla ricerca della fonte della
gioventù...:

Arriva una fantasiosa ed avvenente artista circense. Inizialmente lieve, poi
dirompente, tra le due donne (con Clofasperia, naturalmente) nasce una
passione a base carnale intellettiva che travolge ogni ostacolo. Carnale,
intellettuale, emotiva, mistica, ma senza sensi di colpa e
scoordinatamente bella. Anche perché le due erano straordinariamente
belle. Niente succede per caso e saranno coinvolte dal fato: un universo
stocastico a cui non fecero attenzione. Impareranno a stare accorte ai
significati del caso, brancolando in un universo visivo terribilmente simile
e ammiccante al passato e si introdurrà in loro la crepa prodotta da una
indecente e struggente lacrima color carne.

Accetteranno le conseguenze e si accorgeranno che fuggire, nascondersi,
non serve. Però saper prevedere si.

Preverranno l'arrivo del intruso, che gioca con il tempo, del quale restano
solo alcune tracce.

Per sua colpa potranno conservare soltanto i ricordi, fino all'ultimo
momento, poi neanche più quelli. Solo poi rifletteranno sul senso della
vita attraverso il concetto di mortalità e attraverso il passare del tempo (e
l'invecchiamento del corpo) come un limite necessario alla ripetitività

infinita dell'esistenza. Scopriranno anche che perdonare se stessi, serve.
Lei dirà all'altra: (Le cronache non riportano chi, ma importa poco viste
le affinità elettive).

"Quello che conta è volersi bene, perché la morte fa parte della ruota e fa
più paura una vita non vissuta che la morte stessa."

Si dice che a queste parole l'altra si sciolse come una scatola di cioccolatini
al latte tenuta al sole.

UNO DEI NATI si discosta e punta il dito sul gruppo:

Affascinati tutti dalla lanterna magica che scaturisce sorprese senza sosta
percepiranno la morte dal loro affettuoso e sensibile mentore come un
qualcosa che lacera per sempre l' innocenza.

PONTIFICANDO E SALMODIANDO:
"Nota del cantastorie: Non ci è giunta mai notizia di chi sia il mentore.
Mai era stato menzionato prima: forse in un libro sacro di cui non si
conosce la provenienza."

IL GRUPPO RICOMINCIA:
Avranno nel sesto anno, alle 23 ore 11 minuti e 43 secondi del secondo
giorno del secondo mese, un incontro con la famosissima e riconosciuta
vecchia che parla coi morti. Ella si rivelerà a loro come colei che mai le ha
abbandonate. Non fa parte della fratellanza, che non esiste, ma ammette
che c'è sempre un tornaconto ed è importante andare avanti perché
sarebbero tutti rimasti eternamente adolescenti. Dirà loro che la violenza
discriminatoria subita dai diversi denuncia il fallimento di una società
impegnata a comprimere la vita e i naturali fenomeni evolutivi in regole
stabilite: le grandi battaglie nascono e si combattono dentro di noi stessi e
sono inutili fino a che non coinvolgiamo gli altri. Pertanto sarà più facile

gettare la colpa agli altri che, se non ci fossero, si potrebbe fare tutto quello che si vuole.

Il Cantastorie:

A queste parole i fratelli e le sorelle si guarderanno in faccia senza avere capito niente, ma decideranno di farne tesoro.

Nuovo atto:

Col trasformare l'immaginazione in visione riescono a visualizzare il futuro. Scoprire che ogni parte del vissuto ha il suo valore ed è pura illusione pensare di potere dominare qualsiasi momento passato, se non fosse possibile farlo rivivere nel futuro.

In una epoca che nessuno ricorda si uniscono a loro due stimati insegnanti fuggiti da un istituto religioso, famosi perché facevano sesso solo sbattendo le palpebre, facendo emergere poco a poco la loro emotività.

Scapperanno quando un pittore all'interno dell'istituto riceverà l'incarico dalla proprietaria di disegnare per la scuola, con la clausola, che in pagamento, lei gli si concederà alla fine di ogni disegno, secondo il concetto del disegno stesso. Ma i disegni non dovranno avere connotazioni sensuali. Solo contenere idee.

Lui disegnerà un luogo senza tempo in un documento dall'intrigo mortale dove uomini donne e bambini vivono una realtà senza colori, senza sogni, senza emozioni, senza intenzioni.

Un altro disegno sarà quello di un uomo anziano e solo, che porterà dentro di se tutta la bellezza e la tragedia dell'umanità, a cui sarà concesso di tornare solo attraverso un tunnel senza uscita.

In un altro ancora si vede una ragazza che si prostituisce tra le sterpaglie e a salvarla dalla sua infelice condizione, nonostante l'enorme differenza che separa le loro esistenze, sarà una coppia di cinquantenni dalla vita agiata e culturalmente stimolante e non le toccheranno il culo e nemmeno ci proveranno.

In un ultimo disegno un ragazzo muto intento a potare alberi che sanguinano vede passare la vita accanto a una bambina orfana in un nonluogo, un labirinto di sale corridoi e scaloni tanto convenzionale e sovraffollato in un giorno di sole quanto esclusivo in un giorno di pioggia.

I due insegnanti ruberanno i disegni perché vedranno in essi un sacco di misteri e vorranno studiarli meglio.

Testimoni della realizzazione dei disegni saranno proprio gli insegnanti che vivono in un eterno presente, eternamente fermo, che ha come costante la perdita dei loro più cari alunni. Ma non potranno più superare l'attimo congelato.

Li aiuta un ricco sconosciuto, che uccide il disegnatore, per legittima difesa (dice lui) e si schiera dalla loro parte. Tutti allora conosceranno il futuro ma nessuno ricorderà il passato.

Ogni cosa comunque si ristabilisce alla morte che coglie il ricco attraverso un infarto misterioso: sarà presente solo un giovane aristocratico nella cui famiglia i componenti, già molto ricchi da generazioni, sono stati ridotti in miseria dai ladri e dalle tasse. Ma ha un dono speciale: quello di sentire tutto ciò che gli altri non sentono dalla loro anima.

Tra i due insegnanti e il giovane aristocratico si stabilisce presto una complicità molto forte e manterranno insieme il segreto del loro amico ricco, quello morto, e conosceranno il Mago. Però questo avverrà due anni dopo, circa.

Il Mago rivelerà loro che tutti mentono, ingannano, fingono e si scusano e lui si comporta allo stesso modo, per cui non possono fidarsi di quello che dice.

Ma a tutti estenderà un invito: Clofasperia, i suoi fratelli, la vecchia, gli insegnanti, l'aristocratico e anche a quelli non menzionati. A fare festa!

Finiranno col suonare il piano in una stanza piena di bambini e subiranno l'influenza dell'atmosfera irreale di sogno da cui saranno stati dominati affascinati.

Si dimenticheranno dove sono e si dimenticheranno anche di trovare un finale alla loro storia, si sentiranno puliti e ben lavati, non più saggi di tanti altri, ma tutti indifferentemente pronti a sfruttare la loro festa, che ognuno considera propria. E succederà una cosa strana a cui nessuno aveva pensato e nemmeno pianificato.

Ognuno si avvicinerà a Clofasperia, la guarderà negli occhi e dolcemente le porrà un bacio sulle sue labbra, leggero e soave come un petalo di rosa.

AFORISMI MISTI E RIMISTI
(momenti di esagerata presunzione auto celebrativa

ovvero

perle di straordinaria saggezza secondo "Piero" Lapalisse)

LA MORTE

Nulla dura per sempre, soprattutto tu, fino a che morte giunga (e saremo morti chissà per quanto e... (sarà vero?) anche oltre.
Sempre che a ogni cosa ne segua un'altra.

Non ti preoccupare della morte, quando morirai saprai cosa c'è dopo, se non ci sarà niente, non te ne accorgerai.

La morte è illusione? Non sai nemmeno se puoi conservare i ricordi, almeno fino all'ultimo momento, poi neanche più quelli.

Altra "mia" verità è: siamo tutti moribondi poiché la morte è solo questione di tempo. Ha detto un grande che solo gli animali sono immortali perché non sanno che esiste la morte. Questo non impedisce che muoiano lo stesso.

Se tutto finisce in morte il progresso diventa un correre affannoso. E la meta? Chissà. (di certo non vivere insieme a un vecchiaccio bavoso, in questo basto io.)

AFORISMA MALATO

Mi sono sempre domandato perché il burro fuso ha quell'aspetto. Per friggerci il futuro? Sembra sperma sciolto.

FANTASCIENZA

Scrivere aforismi non serve a niente, nemmeno a strapparti un sorriso. (Lo disse un arido professore di filosofia che odiava la fantascienza).

GASTRONOMIA

Anche la pastasciutta serve e deve essere buona. E bella a vedersi.

INFANZIA IRRESPONSABILE
L'infanzia è troppo breve, poi arrivano gli ormoni e tutto si complica.

Per questo l'amore non basta, ci vuole il sesso. Che amore è senza piacere?

L'infanzia è una scoperta continua, a volte dolorosa ed è troppo breve, poi si cresce e con i brufoli cominciano le responsabilità.

Diventare un adulto è possibile, ma bisogna ricordarsi che non c'è nessun altro a farlo per te.

AUTOVALUTAZIONE
Ogni parte di te ha il suo valore:ma questa è pura illusione. Pensa a chi vive a mille chilometri da te o dietro l'angolo di casa e non sa nemmeno che esisti.

Il fatto reale è che abbiamo soltanto noi stessi, un muro ci divide da tutti. E non ci sono buchi per spiare.
Ogni parte di te ha il suo valore: a volte nemmeno per te stesso, però puoi sempre fare in modo che almeno per te lo abbia.

Ogni parte di te ha il suo valore: dipende dal valore di mercato.

GLI ALTRI
Ciascuno di noi è in definitiva solo, anche con se stesso.

Tutti mentono, ingannano, fingono e ci scusiamo. Se lo superiamo viviamo più tranquilli.

La colpa è sempre degli altri. Ma è un nonsenso: se non ci fossero faresti quello che vuoi.

Scusarsi non serve, saper prevenire si. Agli altri delle tue scuse non importa.

Non ci sono eroi o anche solo uomini superiori: tutti in qualche cosa, di sicuro, sono inferiori a te. Però se non ci sono grandi uomini, a volte di migliori si.

Non è mai esistita la lotta di classe: è sempre stata confusa con l'invidia di classe.

ONANISMO MENTALE
Non ci sono significati nascosti, quelli si nascondono nella tua mente. Non puoi masturbarti e pensare di essere un padre mancato.

LA SUPERSTIZIONE SULLA GIUSTIZIA DEGLI DEI
Anche i tuoi Dei non sono giusti. Il mondo non è giusto o ingiusto. È così, semplicemente. È il tuo Dio a non essere giusto.

MISTICANZA
C'è un modo per ottenere tutto ciò che si vuole: scoprilo.

Ci sono casi sfortunati. Ma purtroppo non esiste compensazione.

Dobbiamo vivere da impotenti e non ci sono medicine.

Dovremmo stare attenti ai significati del caso: tutto è caso e non lo è. E' tutto qui, non c'è nient'altro. E' un universo casuale a cui non facciamo attenzione.

Essere volgari non è indipendenza e neanche segno di maturità. La dignità alimenta il rispetto. Qualche volta sono volgare.

L'essere buoni non paga. Serve solo a farti sentire meglio, però anche a farti sentire peggio o stupido.

La fratellanza non esiste, solo per pochissimi, sempre che non ci si pesti la palle.

Le cose importanti devi farle da te, ma se trovi aiuto è meglio.

Le grandi battaglie nascono e si combattono dentro di noi stessi fino a che non coinvolgiamo gli altri. L'unica vittoria è saper tener duro. Se non ce la fai, perdi.

Lottare per la felicità è ridicolo, sarebbe sufficiente un onorevole compromesso.

No esiste male o bene: tutto è trasformazione relativa.

Non c'è nessun altro posto dove andare, se ci pensi bene neanimbarazzche il punto di partenza è importante.

Non ci sono mai elementi sufficienti per prendere le nostre decisioni, sempre ci sfugge qualcosa.

Non ci sono ragioni per cui non hai ricevuto quello che volevi e per cui non puoi ottenere quello che vuoi. Smettila di piangerti addosso. É imbarazzante.

Non ci sono valori universali etici, solo una potenziale vitalità (soggettiva).

Non esiste il male, dipende dai punti di vista. La gazzella non la vede allo stesso modo del leone.

Non hai controllo su niente, neanche sulle tue illusioni.

Non puoi costringere nessuno ad amarti, neanche ad amarlo.

Non puoi prender niente se hai la mano occupata.

Non sappiamo niente, abbiamo solo convinzioni, ma ci importa veramente?

Non t'illudere di trovare le grandi soluzioni, ti manca di aspettare qualche miliardo di anni. Per il momento ogni soluzione ad un problema può generare problemi nuovi.

Se ne accetti le conseguenze puoi fare qualunque cosa tu voglia.

Se non ce la fai, devi responsabilizzarti di più. A meno che ti abbiano sparato alle gambe.

Siamo immersi nell'ambiguità di essere liberi: siamo condizionati da tutto. Anche andare al cesso è condizionato dalla necessità.

Siamo molto vulnerabili, ma anche estremamente forti: siamo riusciti a sopravvivere persino a noi stessi.

Siamo tutti responsabili delle nostre azioni, l'unica vera vigliaccheria è pensare che sia colpa degli altri.

Vogliamo sembri che che tutto ne valga la pena, ma non è così.

www.ingramcontent.com/pod-product-compliance
Lightning Source LLC
Chambersburg PA
CBHW060347100426
42812CB00003B/1157